# Dichtkunst voor Dokters

Van harte proficiat!

en

op naar een

succesvolle

toekomst.

Bert

4 okt 17

# Dichtkunst voor Dokters

M.A. Mertus

MMXVI

*Dank aan Karen*
*en bovenal aan mijn ouders.*

www.bravenewbooks.nl/mamertus

Auteur: M.A. Mertus
Omslag: M.A. Mertus
ISBN: 9789402146813

info.mamertus@gmail.com

# Inhoudsopgave

## Voorwoord

Een spook waart door de medische sector, het spook van de mondige patiënt. Eeuwenlang gold de dokter als autoriteit; onvoorwaardelijk en eerbiedig werd in acht genomen wat de geleerde dokter de patiënt oplegde. Nog steeds geldt de medicus als heer en meester binnen de Geneeskunst. Artsen, die meer dan andere ambtsgroepen bekend staan als enigszins beroepsgedeformeerde fanatici, zien een uitdaging in de puzzel die zich aan hen als menselijk lichaam presenteert.

Dit enthousiasme vindt in toenemende mate zijn weerslag in patiënten. Zelf dokteren, bronnen raadplegen en nieuw verworven inzichten aan de arts voorleggen lijkt meer regel dan uitzondering te zijn geworden. Niet door twijfel of gebrek aan piëteit, maar als blijk van betrokkenheid, toewijding en curiositeit. De gevleugelde vraag "Wat denkt u zelf dat het is?" blijkt olie op het vuur van deze geestdrift.

Deze bundel waarin dichtkunst, zoals zal blijken, niet als doel maar als middel is ingezet, geldt ter leering ende vermaeck. Vijftig casus zijn beschreven, waarin ziektebeelden worden geschetst. Amerikaanse presidenten, Franse keizers en zelfs ruimtevaarders passeren de revue.

Artsen, studenten, patiënten en liefhebbers vereenigt u, zoals hier het nuttige met het aangename verenigd werd. Laat u uitdagen door vijftig medische enigmata, terwijl ik u allen eens te meer ambeteer met de vraag:

"Wat denkt u zelf dat het is?"

de auteur

# Medische casus

## Stimulerende stoffen

Onlangs ging ik met mijn nichtje naar een grote discotheek
waar zij uit de rij geplukt werd, doordat zij een junkie leek.
Mij was het niet opgevallen maar ik snap de parallel,
ook al is zij niets dan deugdzaam, overeenkomst is er wel.

De beveiliging herkende haar gejaagdheid en het zweet,
de vermagering en tremor maakten achterdocht compleet.
Mogelijk dat stress en spanning invloed hadden op haar hart,
ze kreeg last van palpitaties en geraakte tachycard.

Met haar grote, waakse ogen keek ze ieder koortsig aan
toen haar keel, conform gezegde, met een brok bleek aangedaan.
Eén van de portiers vermoedde dat een pil die stimuleert,
hier ten grondslag lag aan alles dat mijn nichts gedrag typeert.

Daarop werd haar bloed bekeken, zonder spoor van drugs te zien
gaf de uitkomst blijk van ziekte, deze vangst was onvoorzien.
Pillen bleken niet de oorzaak van haar zeer gejaagde aard,
wel immunoglobulines, wat haar onrust heeft verklaard.

Zo vond men in bloed verhoging van het vrij T4 hormoon,
ook de lage TSH is bij dit ziektebeeld gewoon.
Spoedig werd mijn nicht behandeld, clubs zien in haar geen probleem,
ik word echter vaak geweigerd omdat ik wel harddrugs neem.

**Dove Kwartel**

Karel Kwartel was een jochie, hij was amper dertien jaar
maar al jaren viel het luisteren naar meerderen hem zwaar.
In gedachten vaak verzonken, leek hij haast een filosoof,
anderen kwalificeerden hem gepast Oost-Indisch doof.

Toen hij voor het eerst vertelde dat hij steeds minder kon zien
en met name nachtblind raakte was hij pas een jaar of tien.
Ongevoeligheid voor licht, verklaard door staafjesdystrofie
in het kader van zijn retinaal pigment pathologie.

Deze aangeboren doofheid en het retinaal pigment
zijn als eerste door een Britse arts als samenloop herkend.
Karel wilde graag portier zijn maar die vlieger ging niet op
want zijn recessieve ziekte bleek wat zicht betreft een strop.

**Overdaad schaadt**

Reeds een eeuw of drie geleden, spoedde onze Leidse held
door het duister naar een vriendje, dat door ziekte was geveld.
Arm houdt netjes, leert het spreekwoord, maar in Leidens fine fleur
is het credo *Joie de vivre!* en geniet men van grandeur.

'tSlachtoffer in deze kwestie is Baron van Wassenaer,
die de liefde van zijn leven enkel vindt in etenswaar.
Slechts een korte tijd geleden was hij wederom verleid,
copieus had hij gegeten, erg veel eend, tot later spijt.

Het berouw volgt na de zonde want zijn maag raakte van streek.
Brakend zocht hij naar verlichting maar dit leidde tot een steek.
Vol van pijn greep hij zijn sternum en het ademen nam af.
Hierom kwam de Leidse meester, fluks en in gestrekte draf.

Maar dit mocht zoveel niet baten, Herman rommelde wat aan.
Tapte bloed en gaf compressen, toch bleef het bergafwaarts gaan.
Tijd verstreek en buiten kleurde door de ochtend alles rood.
De Baron zou dit nooit merken, voor die tijd vond hij zijn dood.

Het mysterie bleef toch knagen, waarom had de man veel pijn?
Onze arts verricht obductie en verbeeldt zich chirurgijn.
De bevindingen bewezen dat de sterke overdaad,
de Baron de das om deed want het is overdaad dat schaadt.

Hij vond lucht in de subcutis, het abdomen vol vrij vocht,
in elkaar geklapte longen toen hij in de thorax zocht.
Wat hij rook was een aroma, dat de borstholte vervult,
riekend naar de eendenschotel, waar de man van had gesmuld.

Hij verklaarde het mysterie, dit syndroom draagt nog zijn naam
en als oorzaak voor het lijden treft hier gulzigheid de blaam.
Want bij alle Leidenaren is het afkomst die verplicht
dat de ratio moet wijken en voor grootsheid wordt gezwicht.

**Nee tegen Bond**

Dat artsen niets dan deugdzaam zijn moet straf worden ontkend.
Zo werd er in een dokter ooit een slechterik herkend.
Herinnert u zich dokter No, de vijand van James Bond,
die zonder gêne elke wet vol overgave schond.

Zijn hart niet op de juiste plaats, bleek een herhaald verwijt,
dat redde ooit zijn leven in een bloedstollende strijd.
Symptomen waar hij ook aan leed zijn nauwelijks verhaald,
waarschijnlijk doordat niemand daar in Hollywood naar taalt.

Want wie wil nou een film zien waarin hij van kleins af aan
verkouden met bronchitis door het leven is gegaan?
Zijn bijholten ontstoken en de luchtwegen verwijd
blijft immer onbesproken net als zijn onvruchtbaarheid.

Doch moet ik u bekennen dat ik niet zie in welk deel
een analyse passen zou van trilhaarepitheel.
Het witte doek romantiseert, dat is alom bekend
al komt de snoodaard, dokter No noodlottig aan z`n end.

**Krokodillentranen**

Huilend kwam mijn zoontje bij me, met een fors, ondraaglijk leed;
aan zijn oor had hij veel klachten, als zijn mond, die ook mee deed.
Troostend zei ik, laat eens kijken, er was toen nog niets te zien,
roodheid volgde dagen later, net als blaasjes bovendien.

Gek genoeg alleen linkszijdig, daar mankeerde hij wel meer,
want zijn mondhoek was gaan hangen, en het ooglid zakte neer.
Toen zijn eetlust hem vergaan was, sprak ik hem opbeurend toe,
maar het horen was verminderd, dus ontging hem gans de clou.

Medelijdend moest ik denken aan zijn ziekte van voorheen
toen een kinderkwaal zich uitte en op heel zijn huid verscheen.
Onze dokter weet er raad mee, hij behandelt adequaat,
waardoor elk symptoom verdwijnt en er geen restschade ontstaat.

**Corrupte kabouter**

Wanneer de kleintjes slapen gaan, verschijnt er een figuur
hij strooit met mooie dromen en bezorgt ze avontuur.
Degene die in Nederland dit werk doet is Klaas Vaak,
zijn Zweedse ambtsgenoot heeft overdag een extra taak.

Jon Blund deelt daar de dromen uit, tot financiële nood
hem dwong tot overuren maar zijn nieuwe werk bleek snood.
Het zand dat hij gestrooid heeft als de jeugd te rusten gaat
gebruikt hij bij volwassenen, wat hen alleen maar schaadt.

Daar strooit hij lustig in het rond en voelt zich niet beperkt,
mucosa elders in het lijf wordt ook door hem bewerkt.
Een droge mond ontstaat er naast een oog dat niet meer traant,
het hoornvlies raakt beschadigt en de smaak- en reukzin taant.

Gelukkig kende Zweden ook een competent persoon,
hij was van oorsprong oogarts en herkende een patroon.
Een lymfocytinvasie in een vochtafscheidend' klier
bleek naderhand de oorzaak voor de narigheid alhier.

Vooral symptoombestrijding ter hantering van de kwaal;
M3-receptoragonist werd deel van 't arsenaal.
Door zucht naar geld geteisterd werd Jon Blund ooit opportuun
en strooide met zijn ziekte, al bleek die auto-immuun.

**Bofkont**

Mijn nichtjes wang werd pijnlijk dik,
dat was niet in de haak.
Al spoedig rees gestaag het kwik,
een klier zwol bij haar kaak.

Ze voerde sinds haar kindertijd
op dominees verzoek
een felle vaccinatiestrijd
wat ik volstrekt vervloek.

Dat dit des Heeren wil zou zijn
betwijfel ik toch sterk.
Dus ter voorkoming van die pijn:
Ga naar een and're kerk!

**Koperdief**

Niet zo lang geleden dacht ik, het wordt weer de hoogste tijd
dat mijn vader en mijn moeder met mijn komst worden verblijd.
Maar zij wonen, moet u weten, nogal ver bij mij vandaan
desondanks trok ik die morgen toch de stoute schoenen aan.

Het was stil die zondagochtend, ik toog fluitend richting trein,
naast me zat een jongeman die nog geen dertig leek te zijn.
Een kwartier na station Utrecht kruiste rampspoed reeds ons pad
want het rijdraad was verdwenen, door een koperdief gejat.

Leegte kreeg op mij zijn invloed en ik liet mijn blik rondgaan.
Eerder noemde ik de man al maar hij leek nu aangedaan.
Ongewoon in zijn beweging, zelfs wat spastisch zo u wilt.
Hij ziet bleek, misschien wat gelig en ik merk ook dat hij trilt.

Blijkbaar was ik op gaan vallen, want hij keek in mijn gelaat.
Hierop werd de buit mij zichtbaar, ik zag ringen koperdraad.
Rap riep ik de conductrice "Zie, hier is de delinquent,
consulteer alleen een dokter en vraag niet naar een agent."

**Duizend bommen en granaten!**

Duizend bommen en granaten! schreeuwde Haddock licht ontremd.
Geef me eerst mijn glaasje whisky anders raak ik nog ontstemd.
Het was pas zijn tiende glaasje dat hij op die ochtend dronk,
al kon hij dat niet onthouden, 't corpus mamillare slonk.

Daarin ziet hij geen bezwaren, want lacunes vult hij snel,
schept verhalend zijn façade moeiteloos als kinderspel.
Dan ziet Haddock plots wat wazig, fundoscopisch niets te zien
waardoor dokters hem verdenken op tekort aan vitamine.

Micronutriënten hebben in de cel een schone plicht
want een co-enzym voorkomt dat glycolyse wordt ontwricht.
Aneurinedeficiëntie blijkt gevolg van zijn gedrag,
zenuwen en hersens boeten voor het excessief gelag.

Perifeer ontstaan problemen, na een chronisch bacchanaal
vaak sensorisch en motorisch, beiderzijds, het start distaal.
Zelf zag Haddock geen problemen door zijn anosognosie,
en liep weg met Johnnie Walker, van zijn afkicktherapie.

**Tunnelvisie**

Mijn moeder staat alom als kenau bekend,
heeft haar op haar tanden en temperament.
Zodoende voelt vader zich steeds minder vent,
hetgeen nu ook fysische uitingen kent.

In aanvang begon hij voor hoofdpijn te pleiten
en wilde dit eerst aan zijn wederhelft wijten.
Want ook in gemeenschap kreeg hij minder zin,
maar plotsklaps verdween toen de baard van zijn kin.

En vrouwlief bleef steevast haar man domineren,
ze zei in een poging tot verder onteren:
"Ik hoor slechts gezeur, vent je bent net een wijf,
een hermafrodiet, zo te zien aan je lijf!"

Toen maakte zijn eega een schunnig gebaar
maar daarin zag vader geen enkel bezwaar.
Het zicht in de ooghoeken bleek af te nemen,
zodoende kon hij haar gebaar niet vernemen.

Hij zocht reeds zijn heil in een artsenbezoek,
en deze besloot tot wat bloedonderzoek.
De ziekte van pa kent een goede remedie,
die feeks van een vrouw echter blijft zijn tragedie.

**Oorlogskwaliteit**

Mijn oom is naar men spottend schetst, van oorlogskwaliteit.
Hij heeft het levenslicht gezien, nog voor wij zijn bevrijd.
Zijn moeder meed het wandelen, want daarin school gevaar,
waardoor mijn oom pas zonlicht zag, zo rond zijn derde jaar.

Het katholieke huishouden bezong de Heer vol lof,
toen oma op ooms ribbetjes een rozenkransje trof.
Zij dacht dat dit een uiting was, gestuurd van hogerhand.
Ze kreeg gelijk, het bleek nadien een teken aan de wand.

De dankgebeden van 't gezin veranderden terstond,
doordat zijn moeder naast de krans meer aanduidingen vond.
Ze zag de polsen van mijn oom en vond ze taam'lijk groot,
zijn enkels breed, zijn benen krom, de knieën uit het lood.

Toen vijf mei was gekomen werd ons vaderland bevrijd
en raakte oom door daglicht zijn tekortkoming weer kwijt.
Mijn oma was erg dankbaar, ze bejubelde en prees.
Sindsdien heeft oom een zusje en zij is half Canadees.

**Veni, bibi, vomui!**

Na een avond stevig zuipen op een berg in Saint Moritz
blijft mijn jaarclub al decades zich ontmoeten op de ski's.
Straalbezopen op de piste lijkt het ons een goed idee
dit verblijf hier te markeren in de Zwitserse *Tief-Schnee.*

Veni, bibi, vomui, zo is de kreet van onze club,
staat in gele tekst geschreven, met zo hier en daar een drup.
Doch, we worden merkbaar ouder, het gedrag van toentertijd
lukt ons niet te evenaren, al proberen we met vlijt.

We herkennen in Jan-Diederik ons baken van verval,
sinds hij heel de reis al kwakkelt en verflauwt in zijn gebral.
Zo beklaagt hij zich met buikpijn wat gestaag recidiveert
en al misselijk en brakend het student-zijn lijkt verleerd.

Hoge bloeddruk, obstipatie, bij zijn koorts wat tachycard
sinds hij derivaten van het barbituurzuur is gestart.
Maar een erfelijke aandoening met enzymaal defect,
bleek ten grondslag liggend aan hetgeen Jan-Diederik hier nekt.

Daags erna zien wij bij daglicht stomverbaasd wat is gebeurd
want de *Veni* in de kreet blijkt in het paars te zijn verkleurd.
Toen Jan-Diederik besefte dat hij schrijver hiervan was,
brachten wij hem naar de dokter, die genoeg had aan zijn plas.

## Erfenis

Van origine ben ik van stand,
pur sang aristocraat.
Ik word omschreven als pedant
door 't proletariaat.

Dat zegt slechts het gepeupel maar,
beperkt en ignorant.
Ik deel mijn bloed met menig tsaar,
en stam uit Engeland.

Een klinische geneticus
heeft jammerlijk ontdekt.
dat ik net als die kleine Rus,
een X heb met defect.

Mijn knieën zijn vol bloed geraakt
en doen ontzettend zeer.
Hetgeen mij lopen moeilijk maakt
wanneer ik dat probeer.

Ik werd gegoed door erfenis,
verkreeg mijn praal en pracht.
Maar erfde ook een groot gemis
aan stollingsfactor VIII.

**Willem de niet-verkaaskop**

"Willempie," zo riep zijn moeder, "trek nu vlug je schaatsen aan,
Evert is allang begonnen, tijd om ook op pad te gaan!
Slecht tweehonderd kilometer dan staan ik en vaderlief
bij de finish in Leeuwarden, na dit kloek initiatief."

Als hij het maar vol kan houden want hij is de laatste tijd
wat vermoeid en meer gaan hoesten, waar zijn lichaam onder lijdt.
Ook zijn enkels werden pijnlijk, rode plekken op de huid,
iridocyclitis dat zich naar verloop van tijd ook uit.

Een X-thorax jaren later maakt ons Willem wat confuus,
als fibrose in de longen wordt gevonden; zeer diffuus.
Histologisch werd bewezen dat een monokerne cel
van het dekweefselig type, cumuleerde tot veel kwel.

Wat gelukkig ook gezien werd, was een niet-verkazend' aard
van de granulomateuze ziekte, zo bleef erger hem bespaard.
In het bloed vond men verhoging van bezinking en ook ACE,
wat in ieder opzicht naar zijn onderliggend beeld verwees.

Trots onthaalden pa en moe hem toen hij 's avonds binnen gleed,
en bedreven naar de finish op de Bonkevaart toe reed.
Met een sluimerende ziekte bleek hij toch nog fit genoeg
toen ons Willempie prinsheerlijk, knap de Friese vorst versloeg.

**Doods Bang**

Ik had mijn zuster aan de lijn, ze belde me verheugd.
Ze zei me dat ze zwanger was en dat deed haar veel deugd.
Ik stapte op mijn stalen ros om op bezoek te gaan
maar eenmaal daar trof ik haar slap met koorts en spierpijn aan.

Het is abrupt gekomen, ze is zweterig en rilt.
Palpabel is haar lever, ook haar lymfklieren en milt.
Haar werk heeft ze al afgebeld, ze is niet energiek.
Als ambacht slacht ze rundvee in een grote vleesfabriek.

Ze maakte zich veel zorgen om haar ongeboren vrucht.
De koorts hield ruw twee weken aan en leek daarna gevlucht.
Daar waren we content mee echter juichen bleek te vroeg
doordat wat dagen na de koorts het noodlot weer toesloeg.

Eenzelfde episode werd gedetailleerd herhaald,
het overkwam haar vaker waar ze veel van heeft gebaald.
Nu is het maanden later en verkeert zij na de kraam.
Haar tweeling kreeg toepasselijk David en Bruce als naam.

**Kerststuk**

Op een kille winteravond giert de storm, het weer is guur.
IJskristallen op de ruiten maar hier binnen brandt het vuur.
Ik verval in lichte weemoed als ik terug denk aan weleer,
toen mijn kinderen ravottend speelden in het winterweer.

Toentertijd gingen we samen naar het nationaal ballet,
op de bühne was een levensgrote kerstboom neergezet.
Met de klanken van Tsjaikovski's ouverture door de zaal
bleek de voorstelling een sprookje, werkelijk fenomenaal!

De premier danseur vertolkte in maillot zijn rol met glans,
dat liet niets te raden over maar er leek iets uit balans.
Want zijn asymmetrisch scrotum bleek links groter en uit vorm,
ook zijn plexus was goed zichtbaar, en wel de pampiniform.

In de pauze werd de show helaas voortijdig afgelast
doordat bleek dat de protagonist wat bloed had uitgeplast.
Hierbij had hij pijn gekregen, enkel aan zijn linker kant
in de flank en de testikel, en was op de Spoed beland.

Daar werd op een scan snel zichtbaar hoe een vene werd bekneld
door aorta met vertakking die als fuik zijn opgesteld.
Balend dat hij niet mocht dansen bleef hij in het hospitaal
en verwijst zijn kwaal ironisch naar het opgevoerd verhaal.

**Bamboespreekuur**

Op een avond in oktober ben ik moe maar zeer voldaan
na een uitgebreid diner richting mijn slaapvertrek gegaan.
Slechts een dutje was de planning maar dat liep wat uit de hand
door mijn levendige geest belandde ik in dromenland.

Ik bestijg daar een bolide, trek de vleugeldeur omlaag
en rijd meer dan 140 als ik door het landschap jaag.
Mijn DeLorean kan reizen, met een noodgang door de tijd
waardoor ik momenten later het verleden binnen rijd.

In het Heemstede van toenmaals kom ik bij een Zweedse heer,
hij wordt liever bioloog maar is voor dokter in de leer.
Zeer gezwind bespeur ik passie naast zijn liefde voor de plant
en vertel hem hoe dat onderwerp aan ziekten is verwant.

Maar hij weigert te geloven dus ik zal het laten zien;
"Op naar Rusland!" roep ik en we stappen in de tijdmachine.
Eenmaal daar ontmoeten wij een ongenaakbaar Neuroloog
die mijn standpunt ondersteunt met een aannemelijk betoog.

Zo verhaalt hij anekdotisch over wat hij heeft bemerkt
toen bij één van zijn patiënten de beweging werd beperkt.
Deze man was nog geen veertig en had stijfheid in zijn rug,
in de ochtenden het hevigst, buigen ging niet meer zo vlug.

Wat ons leidt naar diagnose is verstrijken van lordose,
met daarbij ook ankylose en opvallend stijve poze.
Uveïtis werd gezien bij een kenmerkend HLA
en zijn sacro-iliïtis openbaarde zich daarna.

"Dat is alles leuk en aardig," onderbrak de Zweedse man
"maar u zou mij toch vertellen hoe een plant hier helpen kan?"
"Ja wel zeker", riposteer ik fier, "want binnen de drie jaar,
wordt met dank aan een Duits fysicus de Röntgen openbaar.

Hierdoor kunnen artsen kijken naar de  stijve ruggengraat
en bemerken dat er mettertijd een *Bamboo spine* ontstaat."
Enthousiasme vindt zijn uiting bij de Zweed die bijna juicht
maar hij eist eerst nog een voorbeeld voordat hij is overtuigd.

Dus ik graaf in mijn geheugen en bedenk al snel daarna
dat het voorbeeld staat te wachten en wel in Amerika.
Samen nemen we de auto, zeggen Vladimir vaarwel
de bestemming jaren later, al bereiken we die snel.

Daar ontmoeten we een dokter, officieel dermatoloog
ik verduidelijk hoe deze reis ons hier naartoe bewoog.
"Dat begrijp ik", zegt de dokter en vertelt van een geval
waarbij bamboe ook een rol speelt dankzij SPINK5-gen verval.

Naast infecties ook pruritis, wat niet uit te houden is,
door een droge huid die treffend wordt vergeleken met de vis.
't Is een erfelijke ziekte; recessief autosomaal
en de bamboevorm van haren staan in dit syndroom centraal.

Vol genoegen dankt de Zweed ons en mijn taak lijkt hier volbracht
al heeft na de vreemde reis de plant hem steeds meer in zijn macht.
Hij verwerft al spoedig faam door zijn uniek nomenclatuur
en bedankt mij in zijn werken voor ons leerzaam avontuur.

In de verte hoor ik stemmen en word wakker van gepraat
om ontgoocheld te beseffen dat het slechts een droom aangaat.
Sedertdien ontluikt een glimlach wanneer ik de droom vertel
in gedachtenis van hem; de bioloog Carolus L.

*NB: er zijn twee ziektebeelden te extraheren.*

**Studentenleed**

Ik had nooit deze klachten,
pas sinds een week of vier
kan ik naar nachten smachten
en niet meer naar plezier.

Daarvoor was ik een losbol,
ik zoende ied're vent.
Ik zoop me klem aan alcohol,
kortom, ik was student.

Nu voel ik mij ellendig,
heb keelpijn en ben moe.
Ben heel de dag lamlendig,
hoe weinig ik ook doe.

De kroeg heb ik verbannen,
'k ben amper nog een slet.
Ik lig niet meer met mannen
maar Epstein-Barr in bed.

**Van de weis**

Het Allgemeines Krankenhaus in 't Wenen van weleer,
gaf inzicht aan een knappe en Hongaarse jongeheer.
Hij was als dokter werkzaam, veel studenten keken mee
zo deden zij de kennis op voor hun aanstaand metier.

Dat was geen sinecure in hun druk curriculum,
zij spoedden naar de kraam na het obductiepracticum.
Daar was genoeg te leren want veel vrouwen waren ziek
en kregen na de partus last van koortsen; piek, na piek.

Daarbij kwam nog de dorst en werd de huid soms paars en blauw,
dit bleek helaas een voorbode voor dood bij menig vrouw.
De sterfte op de afdeling was hoger dan verwacht,
zelfs hoger dan wanneer men thuis de kraam had doorgebracht.

De arts kreeg zijn besef wanneer een vriend tot sterven kwam,
dit was de patholoog, na de infectie van een schram.
Zijn leed toonde gelijkenis met vrouwen op de zaal,
zo deduceerde Semmelweis de oorzaak van de kwaal.

Sindsdien pleit hij voor wassen van de handen vóór bezoek,
al hoonden veel collegae weigerachtig dit verzoek.
Pas toen Pasteur zijn vondst deed, werd de stelling onderbouwd
en werd Ignaz postuum terecht als pionier beschouwd.

**Lord Byron**

Er leefde ooit in Engeland een excentriek baron,
een buitenissig leven dat met een defect begon.
Zo bleek al bij geboorte dat zijn voet aan rechterkant
in varus, supinatie en adductie was beland.

Zijn ijdelheid doet lijden, het gebrek is hij gauw beu
hij noemt zich Asmodeus; manke duivel en boiteux.
Causaal of puur toevallig raakt zijn stemming capricieus,
zijn leven vol affaires, waarvan één incestueus.

Verzandend in de schulden leeft hij immer flamboyant,
hij vlucht van zijn imago en reist af naar Griekenland.
Zo leidden zijn excessen en depressies tot veel leed
maar ook tot inspiratie en werd hij gevierd poëet.

*NB: er zijn twee ziektebeelden te extraheren.*

**Schouwtoneel**

In de schouwburg zijn mijn man en ik al jaren vaste klant
dat is niet echt onze hobby maar het staat zo elegant.
Het is nu een week geleden, ik zat op de eerste rij
en herkende in de intro reeds Vivaldi's Jaargetij.

Met haar lange, ranke vingers speelt de jonge violiste
heel erg vloeiend en mobiel opdat zij nooit een nootje miste.
Vol van passie en met hartstocht musiceert de virtuoze,
onderwijl raak ik betoverd door haar kyfoscoliose.

Auditief onovertroffen, louter eerbied als zij speelt
maar waar het de schoonheid aangaat is zij minder rijk bedeeld.
Door haar lange, dunne armen vloekt zij met Vitruvius
en haar bril en schraal gestalte, completeert de habitus.

Heel de zaal was in vervoering, mijn gemaal en ik incluis,
nergens klonk een roezemoesje, anders dan haar klepgeruis.
Het concert kon mij niet boeien, mij bekoort het klinisch beeld,
'k heb al kaarten voor het weekend wanneer *Addams Fam'ly* speelt.

**Marslied van het Rijnleger**

Komt allen samen voor het vaderland!
De dag van glorie is nabij.
Werd een bloedig vaandel gehesen,
hetgeen leidde tot anemie
en zich uitte in hematurie.

Intravasale hemolyse,
mechanische invloed treft blaam.
Een eerste casus werd vermeld,
in een Pruisische legersoldaat.

De oorzaak van de farce,
gelegen in een mars.
Haak af, haak af!
Opdat uw plas,
Hb niet meer bevat.

*Op de melodie van het Franse volkslied; de Marseillaise.*

**Ooitgedachtland**

Onze dochter was verdrietig, zij ervoer zich onderschat.
"Elke dag om tien uur thuis zijn, verder mag ik nooit eens wat!"
Op haar vijftiende verjaardag uitte ze de diepe wens
om wat sneller oud te worden, dan werd zij een vrijer mens.

Tijd verstreek, dat hielp een beetje, maar het ging niet vlug genoeg,
tot veroudering  ontaardde en haar niets ontziend versloeg.
Ze verloor haar wilde haren, die al grijs waren gekleurd.
Hoog en piepend klinkt haar klaagzang, sinds ze oud worden betreurt.

Klein van stuk met dunne armen, ook haar benen blijken zwak,
cataract aan beide ogen en de huid wordt dun en strak.
In de chromosomen treffen wij de oorzaak op een gen
dat codeert voor helicase en genaamd is WRN.

Had zij maar wat meer gelezen, uit bijvoorbeeld Peter Pan,
ook Couperus heeft geschreven over wat voorbij gaan kan.
Maar gelukkig zoekt de wetenschap een passend medicijn
en wie weet vindt men de jeugd ooit in een Tibetaans fontein.

**Sluipmoordenaar**

Oma Webster hield van dieren, eentje was haar favoriet
dit was Hector noch Sylvester; het was haar kanariepiet.
Door zijn oerdriften gedreven voedde dit Sylvesters zucht
om het kuiken koud te maken, al is Tweety reeds beducht.

Door Sylvester hadden vogels in de buurt hun nest verkast,
zo kreeg oma's schoorsteen plots een aantal vogeltjes te gast.
De frustraties van de huiskat groeiden tot zijn grote spijt,
want de lieveling van oma was nog steeds in veiligheid.

Hij besloot zich terug te trekken, even pauze van de jacht
en lag spinnend voor de haard, een warme gloed trok door zijn vacht.
Oma Webster in haar leunstoel, de kanarie op zijn stok
toen er plots een catastrofe, een debacle zich voltrok.

Twijfelachtig dacht Sylvester, heb ik aan de rampspoed schuld?
Juist toen hij zijn strijd gestaakt had werd zijn diepste wens vervuld.
Met een doffe klap was Tweety levenloos ter aard gestort,
oma snelde naar het lijkje maar kwam kracht en fut tekort.

Dit weet zij aan haar emoties, duizelig en wat verward
merkte zij frontale hoofdpijn, daarna werd haar wereld zwart.
Zo lag oma naast het kuiken, en haar lippen kleurden rood
ook de blosjes op haar wangen wezen op de stille dood.

**Onberekend**

Mijn jongste zoon is sinds een jaar een Wiskunde student.
Hij neemt zijn studie serieus en leert daarom fervent.
Zodoende komt het dikwijls voor, dat hij zich gans verliest
en dagenlang niets anders dan mathematiek verkiest.

Soms waren wij hem weken kwijt, hij zat dan in de bieb
daar telde hij en cijferde en at niet meer noch sliep.
Een impulsieve bui deed mij besluiten langs te gaan.
Ik sloeg steil achterover toen ik zoonlief daar zag staan.

In korte broek trof ik hem aan, zijn huid verhoornd en wit.
Het tandvlees toonde bloedingen met loszittend gebit.
De benen leken dikker, tevens voelde hij zich moe
toen greep ik in en bracht hem snel naar onze huisarts toe.

De arts sprak tot mijn zoon en zei: "Had met diezelfde drang
geschiedenis op school geleerd, dat blijkt van groot belang.
De ziekte die je hebt vergaard is drie eeuwen passé,
maar eenmaal daags een citrusvrucht geldt nóg als panacée."

**Apollinisch**

In de vroege jaren '30 was ik pas een kind van tien
toen mijn moeder mij de stamboom van mijn voorouders liet zien.
Richard Warren maakte deel, hij bleek een heus avonturier
want in 1620 voer hij op de *Mayflower* naar hier.

Sedertdien ben ik gaan dromen, ik bleef speuren naar een plan
zodat ik als pionier ooit in zijn voetspoor treden kan.
Nachtenlang hield dit me wakker, starend keek ik naar de maan
en bedacht opeens dat ik daar ooit naartoe zou willen gaan.

Als de eerste in de ruimte was Gagarin me net voor,
even later trof het noodlot mij toen ik mijn baan verloor.
Want zelfs zonder simulator duizelt alles om mij heen,
ik hoor suizende geluiden en blijf amper op de been.

Met mijn ogen dicht en liggend zal het straks wel overgaan
maar merk misselijk en brakend dat ik minder kan verstaan.
Als de maan, lijkt ook mijn droom in zijn apogeum beland,
maar ik word geopereerd en raak aan beterende hand.

Als ik opkijk naar de maan en ook de sterren tracht te zien,
ben ik even terug bij moeder als dat jongetje van tien.
Binnenkort zal ik mij voegen naar het pioniersbestaan
dan land ik Apollo 14 en word vijfde op de maan.

**Uit de hoogte**

Mijn broer is een verkennend type, een heus avonturier.
Gewapend met zijn klimgerei gaat hij vaak aan de zwier.
Zijn wereldburger predicaat, maakt hem ietwat pedant.
Hij kan erg uit de hoogte doen, dedain en arrogant.

Toch merkte ik verandering, hij is sinds vorige maand
nadat hij terug uit Nepal kwam, een stuk minder verwaand.
Wat hem daar overkomen is, wil hij aan niemand kwijt.
Hij liet mij wel zijn album zien, dat was erg uitgebreid.

De eerste foto's lieten zien dat hij zijn reis begon
in blakende gezondheid onder Nepalese zon.
Zijn reisgenoot bezat de droom een alpinist te zijn,
vandaar dat zij op weg gingen naar bergachtig terrein.

De prenten die hij mij liet zien, benauwden me terstond
en dat was ook de toestand waarin hij op foto's stond.
Terwijl hun gids was afgehaakt, de hoogte was ontvlucht,
volhardt mijn broertje koppig en is nergens voor beducht.

Terwijl we langzaam vorderden in 't album en de tijd
wordt mij het steeds meer duidelijk dat hij ergens aan lijdt.
Na elke meter van de berg die hij bedwongen had
verkleurt zijn facie witter en zijn lippen blauw en mat.

Zo rond de vierde pagina, kwam het bewijs van hoest.
In aanvang niet echt productief, maar 't kleurde wit met roest.
Vanaf de vijfde bladzijde was hij haast bovenaan.
Daar werd hij suf, half comateus en kon ook niet meer staan.

Het plan om dan maar terug te gaan kwam van zijn reisgenoot,
want die wist dat al menig mens door hoogte was gedood.
Mijn broertjes toestand beterde bij elk lager plateau,
hij voelde zich weer boven jan zo rond het zeeniveau.

Men zegt soms dat Mount Everest iets doet met de moraal,
mijn broer is daar een voorbeeld van, al werd het haast fataal.
Vanwege zijn benepen tocht en ziekte in Nepal,
ervaarde hij dat hoogmoed vaak gevolgd wordt door den val!

**Onder Weil**

Sinds kort heeft mijn buurman een andere baan,
daar is hij vandaag ziek naar huis toe gegaan.
Hij werkt aan het onderhoud van de riolen,
alwaar zich de ratten en muizen verscholen.

De ziekte kwam plots en er werden symptomen
van hoofdpijn en stijgende koorts waargenomen.
Ook pijnlijke kuiten, de huid werd wat geel,
zijn plas werd erg donker en steeds minder veel.

De koorts leek na twee tot vijf dagen te zakken
toch bleef het fysiek van mijn buurman verzwakken.
Zijn polsslag liep op maar de tensie liep terug.
Het ziekenhuis tapte toen vocht uit zijn rug.

De kweken op liquor, urine en bloed,
verschaften de uitslag en die was niet goed.
Een arts vindt contact met de rat uit den boze,
want dat is een oorzaak voor leptospirose.

**De grote boze wolf**

Het Duckstadse Bos kent een heuse schavuit,
want Midas, de wolf, is op biggenvlees uit.
Hij loert in de bosjes en smeedt daar een plan
na menig echec toch met pittig elan.

Het huisje van stro werd als eerste zijn doel,
maar nadat hij blies kwam een nijpend gevoel.
De pleura rond longen zijn pijnlijk van aard,
zodat hij zich liever het blazen bespaart.

Dan komt er een huisje van hout op zijn pad,
hij stampt met een aanloop de deur het liefst plat.
Maar deze beproeving werd wéér vroeg gestaakt
daar nogmaals zijn lichaam de functies verzaakt.

Het lopen gaat moeizaam want ieder gewricht
is pijnlijk en stijf bij de zware booswicht.
Hij wacht op zijn kans, nogal diep in het woud,
zodat hij zich niet in het zonlicht ophoudt.

Want doet hij dit wel, dan vertoont zijn gelaat,
een vlinderfiguur wat zijn naam nogal schaadt.
De wolf die gevreesd werd, ooit ongekend kras,
verliest nu zijn eiwit en bloed via plas.

Hij raakte neerslachtig, compleet negatief,
en houdt slechts zijn ANA in bloed positief.
Het zal hem verrotten, zijn eetlust versjteert
doordat sinds een tijdje zijn mond ulcereert.

De biggetjes leefden nog jaren beschut,
beschermd voor de wolf in hun bakstenen hut.
De jager verslagen, het lot heeft beslist,
en maakte de wolf bij verstek veganist.

**Mijn moeder is aan het vergeten**

Mijn moeder is mijn naam vergeten
Zij weet ook niet meer hoe ze heet
Hoe moet ze zich geborgen weten?

Wee haar, ontzield raakt haar bestaan
Slechts gedachten zonder keten
Roept zij maar spreekt niemand aan
O, in herinnering vergaan.

Zo schept de ouderdom gebreken.

*Naar: Voor wie ik liefheb wil ik heten, Neeltje Maria Min*

**Grijs gebied**

Roosevelt ging op vakantie, daar trof hem helaas tragiek;
na een dagje heerlijk zwemmen raakte Franklin plotsklaps ziek.
Last van rillingen en moeheid, daarom ging hij vroeg op stok,
's ochtends bleek een been wat slapper waar hij ongekend van schrok.

De verlamming was voortschrijdend; beide benen aangedaan
toen het wéér een etmaal later niet meer lukte om te staan.
Koorts bleef al de tijd aanwezig, een katheter in de blaas
zorgt dat hij kan urineren, en biedt enigszins soelaas.

Tot een week hield hij verhoging, de verlamming zette door,
en hij kracht in zijn gezicht alsook in linkerduim verloor.
Na een maand ging het wat beter, en de fut kwam langzaam aan
terug in handen en gelaat, maar benen bleven aangedaan.

Nooit nekstijfheid ondervonden, wel had hij dysaesthesie.
In die tijd heerste een virus, als een heus epidemie.
Hierom waren artsen stellig, concludeerden unaniem
dat een pico-RNA hier gold als ware ziektekiem.

Volgens hen een myelitis, dat verspreidt fecaal-oraal
en blijkt voor motoneuronen in het myelum fataal.
Als gevolg ontstaat parese van een hypotone aard,
areflexie bij verlamming gaat met deze kwaal gepaard.

Tegenwoordig weet men beter, in het jaar 2003
leidde hypothesetoetsing tot een nieuwe theorie.
Met het oog op Franklins leeftijd en voorafkans van de kwaal
lijkt iets anders meer waarschijnlijk en dekt beter dit verhaal.

Deze nieuwe diagnose, kent men beter als syndroom
met opstijgende verlamming als een tekenend symptoom.
Subacute inflammatie, die het myeline schendt,
na een twee- tot drietal weken staakt de progressieve trend.

Bij een punctie van de liquor is kenmerkend dat men ziet
hoe het eiwit fors verhoogd is, maar het celgehalte niet.
De verlamming is omkeerbaar, maar herstel duurt lange tijd
en bepaalde mensen houden de symptomen voor altijd.

Diagnose wordt gesteund door Bayesiaanse statistiek,
die voorafkans met waarschijnlijkheid betrekt op de kliniek.
Dus wanneer u op college nukkig statistiek bedrijft,
weet dan dat dit soms kan helpen bij historie die men schrijft.

*NB: er zijn twee ziektebeelden te extraheren.*

**Schokkend**

Mijn eega was wederom niet te verdragen
Die tijd van de maand is zij niet te behagen.
Maar deze keer had ze een groter probleem,
ze braakte, kreeg koorts en diffuus erytheem.

De dokter besloot tot het nemen van kweken.
Haar voeten vervelden na een of twee weken.
Het lab vond gelukkig een stafylokok!
Het lag niet aan haar maar aan toxische shock.

**Ancient Greece Journal of Medicine**

Naast mensenkind was Tantalos het vlees en bloed van Zeus,
bombastisch vroeg hij ijdel heel Olympos bij hem thuis.
Aldaar verzocht hij goden en serveerde hen zijn kind,
doch bijna alle gasten snapten deze list gezwind.

Zij zetten de zoon, Pelops, resoluut weer in elkaar.
De zondaar moest naar Tartaros; de straf voor een barbaar.
Slechts bannen naar de onderwereld leek niet te volstaan,
hij moest daar zware kwellingen voor eeuwig ondergaan.

Te midden in een vijver stond het water aan zijn mond,
maar wilde hij zich laven, nam het peil af tot de grond.
Ook honger deed verlangen maar het fruit boven zijn hoofd
bleek keer op keer ongrijpbaar, onbereikbaar bleef het ooft.

Als derde dreigt een rotsblok tot het pletten van de vorst,
hier eindigt vaak de mythe waarin hij zijn lasten torst.
Geschiedschrijving ten gunste werd een deel gecensureerd;
men heeft het lyssavirus in de overdracht geweerd.

Want Tantalos' gedrag was in beginsel niet zo wreed,
dit was pas aan de orde nadat Sirius hem beet.
In weken daarop volgend werd hij angstig en verward
waardoor hij, als gezegd, de Griekse goden heeft getart.

De infectieuze ziekte maakte hem vrij hydrofoob,
doordat het slikken pijn deed en het kwijl zijn kin af droop.
De kwelling in de vijver leek nu buitengewoon streng,
doordat hij uiterst dorstig was en water vond hij eng.

Al eeuwenlang de doofpot in, vooral uit piëteit
Olympos was omnipotent, dat is verleden tijd.
Dus als u een verhaal hoort van een raadselachtig aard,
beroep u dan op wetenschap opdat het wordt verklaard.

**De Deltawerken**

Elke zondag zie ik opa, wekelijks gaan wij op pad
dan vertelt hij over vroeger en we lopen door de stad.
Op een bankje aan het water, moet hij denken aan de tijd
toen de ramp in '53 tot vernieuwing had geleid.

Stormvloedkeringen en sluizen werden snel geconstrueerd
opdat water bij een volgende beproeving wordt geweerd.
Opa's taak lag aan de IJssel waar hij werkte aan een sluis
tot de klus hem in zijn greep kreeg; hij ervoer zijn werk ook thuis.

Er ontstonden palpitaties, hij werd snel kortademig,
dikwijls syncopés en voelde zich daarbij ook draaierig.
Na het horen van de klachten vroeg zijn arts een ECG,
deze liet een extra golf zien en verkortte de DD.

Want een accesoire bundel bleek au fond de component,
die AV re-entry toestond en genoemd is naar heer Kent.
Fibrillatie kan gevolg zijn, daarom is het niet verkeerd
dat de bundel aan het licht kwam en met kou werd geableerd.

Zo bestreed mijn opa samen met zijn dokter het geweld
dat natuur hen had geboden en mijn opa had geveld.
Denkend aan zijn winst op golven raak ik steevast licht ontroerd
want hij heeft met hulp van artsen ook zijn deltagolf gevloerd.

**Oligopolie**

In het oude rijk Byzantium werd zuur geobserveerd
hoe de zijdemarkt sinds jaar en dag door China werd beheerd.
Tot een man, Petrus Sabbatius, er schoon genoeg van had,
hij was keizer van het rijk en zond twee monniken op pad.

In het jaar 550 startten zij een barre tocht,
waar vervaardiging van zijde minutieus werd onderzocht.
Met hun wandelstokken smokkelden zij rupsen China uit,
maar ze vreesden boetedoening voor de illegale buit.

Langs de zijderoute zagen ze een kwaal die culmineert
rond de Middellandse zee en ook hun rijk terroriseert.
Meer bij mannen dan bij vrouwen lijkt de ziekte te ontstaan,
en naast huid zijn ook gewrichten hierbij dikwijls aangedaan.

Meest typerend zijn de slijmvliezen die ulcers laten zien
om zo mond en genitaliën van klachten te voorzien.
Aan de ogen uveïtis met als zichtbaar mankement
de hypopyon die neerslaat in het voorste oogsegment.

Maar de leukocytoclastisch vasculitis van de huid,
als ook van de grote vaten, had zich niet als straf geuit.
De scrupules bleven knagen, broeders vreesden voor hun schuld
aan de ziekte die zich doorgaans in hun landstreken onthuld.

**Alom anti**

Overal ben ik op tegen, predikt onze socialist.
Vrije markten, rang en stand bestrijdt hij als hij redetwist.
Steevast wanneer hij mag stemmen, is zijn oordeel negatief,
meer op basis van principes dan ter zake doend motief.

Geborneerd lijkt hier zijn dogma wanneer hij voor tegen pleit,
zelf schaart hij zijn predicatie onder solidariteit.
Veel valt hem zo te verwijten, echter één ding is hij niet;
ook zichzelf zal hij nooit sparen, want hij is niet hypocriet.

Onlangs richtte hij de pijlen op zijn calciumkanaal
dat zich pre-synaptisch ophoudt, zo verstoort hij het signaal.
Tijdens depolarisatie wordt nu afgifte geremd
van het acetylcholine, en raakt overdracht gestremd.

In de regel zorgt een influx van ionen voor het feit
dat vesikels gaan fuseren en de inhoud wordt verspreid.
Dan komt acetylcholine uit de blaasjes in de spleet
en zal post-synaptisch binden, de transductie wordt compleet.

Als bij remming van kanalen de transmitter wordt gestuit,
vallen langzaam progressief de proximale spieren uit.
Tevens stoornis in de functie van het autonome deel;
droge mond en obstipatie zijn helaas additioneel.

Hier zijn kleincellige typen van een longcelcarcinoom
vaak een oorzaak, door het paraneoplastische syndroom.
Had hij vroeger nu maar minder rond het Lieverdje gestaan,
want al Uche-Uche roepend is zijn voorbode ontstaan.

**Klinische kleuters**

Sinds vorige week is mijn dochter van vier
haar schooltijd begonnen, ik ben reuze fier!
Daar knipt ze en knutselt en tekent gedwee,
eergisteren nam ze een werkstukje mee.

Ze had met kastanjes, wat prikkers en draad
een pop gecreëerd en haar tante gesmaad.
Wat zij had gemaakt was een zuiver kopie
van mijn jongste zusje, haar tante Marie.

Een dikke kastanje fungeert als de romp,
een bol, rond gezicht maakt de pop nogal plomp.
De prikkers verhief zij tot benen en armen
met kinderlijk onschuld maar zonder erbarmen.

Vervolgens voorzag zij de pop van wat vlekken,
in bruin voor pigment en daarbij blauwe plekken.
Twee spelden als ogen, die erg promineren
Een bult in de nek zorgt voor verder onteren.

Ze kerfde in paars op de buik tal van lijnen,
en deed in 't gelaat wat beharing verschijnen.
Plots brak er een prikkertje door te ravotten,
conform het patroon van Maries broze botten.

De klinische blik is al aardig ontwikkeld,
en tante raakt daardoor behoorlijk geprikkeld.
Dit werkstuk bestempelt, het is onbetwist,
mijn dochter wordt later beslist internist!

**De klucht van de molenaar**

De molenaar in Kinderdijk had sinds zijn zesde jaar,
in drinken vaak zijn heil gezocht, dit viel de buren zwaar.
De molens raakten buiten werk, de boezems dronk hij droog.
Markant was dat zijn liters plas, veel vliegen tot zich zoog.

Ook leek zijn zicht te minderen, de kleuren werden vaag.
Al gauw verdween toen perifeer het beeld, zij het gestaag.
De dokter onderzoekt hem goed, verricht fundoscopie
waarbij de nervus opticus zich toont met atrofie.

Ontdaan betreuren buren zich en uiten hun verwijt
luidruchtig dat de ziekte tot werkloosheid heeft geleid.
Flegmatisch ondergaat de man de last die men hem legt,
rumoer ontgaat hem algeheel want zijn gehoor wordt slecht.

Als plotseling de hersenstam zijn taken koel verzaakt
maakt leven plaats voor dood doordat de ademhaling staakt.
Het lot voltrekt zich schielijk, zelfs nog binnen veertig jaar,
en eindigt veel te vroeg de klucht van deze molenaar.

**Moederinstinct**

Het was halfweg jaren '60, in een dorp hier ver vandaan
waar een moeder, Polly Murray, met haar zonen was begaan.
Want een plaatsje in New London ging gebukt onder veel leed,
niemand wist destijds de oorzaak, later bleek; een spirocheet.

De twee zonen; Todd en Alex, kenmerkten zich met een kwaal
die begint met een rood vlekje, en verspreidt centrifugaal.
Verder wachtte hen malaise, knieën werden dik en stram,
en men constateerde pienter dat dit na de uitslag kwam.

Dokters stonden voor een raadsel, naarstig zocht men naar de kiem,
heren van de oude stempel waren echter unaniem:
"Lieve Polly, dit is reuma maar dan typisch juveniel."
doch, de kans op zo een uitbraak leek haar nagenoeg nihil.

Dokter Steere had zij benaderd, deze zag snel het verband
tussen erytheem en ziekte en zocht hulp uit Zwitserland.
Daar vandaan kwam een geleerde, nu beroemd entomoloog,
die zich slechts wat jaren later over de verwekker boog.

Weinigen erkenden Polly en de zorgen die zij had,
totdat Steere alsook Burgdorfer haar op waarde had geschat.
Dus bedenkt u allen immer dat een moederlijk instinct,
in een raak geval kan zorgen dat uw naam eeuwig weerklinkt.

**Ludwigs leed**

Mij als toondoof te omschrijven is wellicht wat theatraal,
toch zal ik het u bekennen, ik ben amper muzikaal.
Onlangs las ik vol verbazing hoe een grootse componist
door gehoorverlies getart werd, waar ik eerder niet van wist.

Ludwig schreef zijn beste stukken hoewel in zijn middenoor
de gehoorsketen verbeende wat effect kreeg op gehoor.
Weber zou dan lateraal zijn met een Rinne negatief,
het gehoorverlies zou daardoor zijn geduid als conductief.

Na autopsie bleek verbening, men ging raden naar de bron
die de aanleiding van Beethovens misère wezen kon.
Met de focus op de botten werd er druk gespeculeerd
en werd hoge botturnover als de reden geopteerd.

In de ruggengraat en schedel toont de ziekte zich frequent
die ook femur en het bekken als zijn voorkeursplaatsen kent.
Door de enthousiaste clasten raakt het bot fors aangedaan
en de blasten maken slordig snel de schade ongedaan.

Vaak ontstaan er nare klachten, aan de botten krijgt men pijn
en alkalisch fosfatase zou hierbij gestegen zijn.
Of de botziekte hier debet was blijft vooralsnog een gok
niets belemmerde zijn oeuvre dat hij desondanks voltrok.

*NB: er zijn twee ziektebeelden te extraheren.*

## Achterhaald

Recent ben ik van streek geraakt, ik ben totaal ontsteld,
ik had zo graag al dichtend u een ziektebeeld verteld.
Dan zou ik zijn begonnen over hoe de kwaal ontstaat;
soms aangeboren maar waarschijnlijk vaker door de daad.

En hoe we dan als eerste blijk een zweertje zouden zien,
dat pijnloos is en slechts ontstaat vanaf een dag of tien.
Het volgende symptoom verschijnt pas na geruime tijd;
de huid vertoont dan plekken, specifiek en uitgebreid.

Vervolgens uit de ziekte zich door spierpijn, koorts of griep
en blijft het lijden woekeren, al is dat in 't geniep.
Wanneer het brein wordt aangedaan, raakt de patiënt verward,
dit stadium leidt tevens tot vernieling van het hart.

Geschiedenis heeft ons geleerd dat menig volk dit leed
uit schaamte en uit schande aan de vijanden verweet.
De Engelsen en Duitsers hoonden Frankrijk met dit beeld,
de Russen schertsten Polen, dat het Duitsland toebedeelt.

Nederland en Portugal betitelden het *Spaans*
en Frankrijk bombardeerde deze kwaal *Napolitaans*.
Japanners schaamden zich ervoor en dankten voor de eer,
bestempelden de ziekte smadend als *Chinese zweer*.

Dit alles had ik u zo graag in dichtvorm toegelicht.
Helaas, ik ben voorafgegaan, er is al zo'n gedicht.
Want Fracastoro is de man die mij de loef af stak,
en vijf eeuwen geleden reeds dit ziektebeeld besprak.

**Lucas 16**

“Rijke man heb medelijden, voel compassie met mijn smart,
ik lijd vreselijke honger en word door een kwaal getart.”
Lazarus had graag gegeten wat resteerde van het maal,
maar de rijke man negeerde smeekbedes om hulp totaal.

‘t Slachtoffer zat onder zweren, over zijn gehele huid
zag men vlekken, naast zijn knobbels en gevoel viel langzaam uit.
Overdracht kan al door niezen, hoesten of een open wond,
meer werd duidelijk toen Hansen zijn bacil als oorzaak vond.

Met een facies leonina vond Lazarus zijn dood,
engelen droegen hem vredig richting rust van Abrams schoot.
Toen de rijke was gestorven had hij zijn geluk verspeeld,
Lazarus genoot ten leste wat hem voorts was toebedeeld.

**Ode an die Deutschen**

Duitsland kent zijn hoogtepunten; snelle auto's, worst en bier.
Technisch eeuwenlang vooraanstaand, maakt van hen een pionier.
Wetenschappers door de jaren excelleerden in hun vak
ook de dokters domineerden op het mondiale vlak.

Faculteiten leren heden hun studenten nog de naam
van de Duitse grote artsen en hun wereldwijde faam.
Basedow, Bilharz en Creutzfeld, Henoch, Schönlein ook Hirschberg.
Frommel, Weber, His en Traube, Virchow, Pfeiffer, Wallenberg.

Ebstein, Küntscher, Erlenmeyer, Möbius, von Lippel, Koch.
Tevens zijn er Duitse artsen die vervielen tot bedrog.
NSDAP-praktijken werd door dokters ook gedaan,
zo trof Grawitz, Reiter en ook dokter Wegener de blaam.

Eén van Duitslands beste dokters is tot nog toe niet genoemd.
't Is aan u die arts te raden en waarom hij wordt geroemd.
Stapeling zag hij als eerste, van een sporenelement,
bij een ziekte die voorheen alleen als trias werd herkend.

Die bestond uit pigmentatie, ook cirrose en daarbij
volgt glucose in urine, als de derde in de rij.
Ophoping vond hij met name in de pancreas en hart,
ook de lever, hypofyse en gewrichten zijn getart.

Dat hij stapeling herkende was geen oorzaak voor zijn faam,
wél het schetsen van een ziekte, dat draagt sedertdien zijn naam.
Dominant erft dat beeld over, tenzij het *de novo* is.
Kenmerkt zich door bruine vlekjes en ook noduli van Lisch.

Sproeten in de lies en oksels, ook gezwellen die we zien,
door een chromosoommutatie op het nummer zeventien.
Honderd jaren na zijn sterven is de arts nog steeds bekend,
en verplichte kost voor iedere Geneeskunde student.

*NB: er zijn twee ziektebeelden te extraheren.*

## De dood of de gladiolen

Onze Kees was geen vedette, geen talent noch virtuoos,
alle training, alle inzet, lijkt nog altijd hopeloos.
Maar zijn intrinsieke drijfveer is nu groter dan tevoor,
want die groeide keer op keer wanneer hij weer een strijd verloor.

Vol bezieling staat hij nogmaals met zijn racefiets aan de start,
waar hij wederom geklopt wordt; door zijn opponent getart.
Doch, hij geeft zich niet gewonnen en hij smeedt het snode plan,
opdat hij met weinig aanleg toch een wedstrijd winnen kan.

Een corrupte apotheker helpt hem aan een proteïne
dat zijn winkansen vergroot, het is erytropoëtine.
In de wielersport geldt EPO absoluut als een taboe,
maar de gele trui verleidt hem, dus dient hij het middel toe.

Naderhand raakt in zijn beenmerg de productie aangejaagd,
met als doel dat hij de hunkering naar zuurstof meer verdraagt.
Als dan duizelingen komen, volgt de hoofdpijn metterdaad
en ontstaat door deze doping zijn pletorische gelaat.

Hij krijgt last van jeuk na douchen, want de kraan staat nogal heet
toch is dit voor hem onmisbaar, doordat hij nu veel meer zweet.
Rode bloedcellen verrezen, en zijn bloed werd gauw viskeus,
nochtans blijkt hij niets te winnen en zijn plan te ambitieus.

**Annabelle**

Mijn man en ik bedotten en bedriegen de partij,
we draaien lui een poot uit met wat flessentrekkerij.
Zo waren we betrokken bij een veel geplaagd gezin,
daar predikten we hekserij en meer van die onzin.

De oudste dochter in het huis was pienter tot mijn spijt,
ze werd niet door gezwets maar door haar ratio geleid.
De pop die volgens ons ten grondslag lag aan alle kwaad
werd minutieus door haar aanschouwd, zo kwam het voor de draad;

al gauw bleek aan de ogen van de pop een mankement,
de dochter had een blikparese spoedig onderkend.
Een bovenblik gelukt niet meer; wanneer ze dit probeert,
treedt convergentie op wat in nystagmus resulteert.

De convergentie maakt pupillen nauw zoals u weet,
een lichtbron echter lukt dit niet, door onderliggend leed.
Het dorsaal mesencephalon raakt somtijds wat verdrukt,
als liquor cumuleert door een stenotisch aquaduct.

Het meisje oppert adequaat een cisternostomie,
de hersendruk verlaagt zich zo vanuit ventrikel drie.
De pop herstelde restloos, het gezin leeft onbevreesd
en slechts mijn baan moest lijden door die rationele geest.

## De ideale echtgenote

Een geruime tijd geleden, in een land hier ver vandaan
had een ongetrouwd prinsesje naam gemaakt als nymfomaan.
Maar zij was niet praktiserend, want ze lag sinds lange tijd
in een diepe slaap verzonken, al haar minnaars tot hun spijt.

Vroeger was ze niet losbandig, heerschap had ze nooit begeerd,
pas na ziekte door een virus raakte zij gepassioneerd.
Naast de hunkering naar hartstocht werden meer zuchten herkend;
ze had excessieve honger en was uiterst somnolent.

Wat ten grondslag ligt aan dezen, wordt nog altijd bestudeerd
mogelijk thalame ondeugd, die het slaapritme beheert.
Als de edele mejuffrouw eindelijk uit slaap ontwaakt,
weet ze niets van wat geschiedde en wie zij toen heeft vermaakt.

Prinsen uit de hele wereld willen haar het liefst als vrouw
doordat zij naast hen beminnen ook het eten maken zou.
Bovendien is ze niet lastig, vaak ligt ze in dromenland
en maakt dit syndroom een dame voor haar echtgenoot charmant.

**Groepsdruk**

Het wiegje van mijn oudoom was een gouden ledikant,
zijn vrienden waren allen van eenzelfde rang en stand.
Aan tijd en geld een overdaad bij die *Jeunesse Dorée*
zo riep er één balorig: "Ik ga duiken, wie gaat mee?"

Dat duik-idee kwam van een vriend; de jongeheer Henry,
hij stamde, als de rest, af van beroemde fysici.
Henry was echt een haantje, kon geen uitdaging weerstaan,
hij mocht als eerste duiken en was veel te diep gegaan.

Beneden geen problemen maar toen hij weer boven was,
zorgt relatieve lage druk voor vrijkomen van gas.
Dat uitte zich in pijnen in gewrichten en het hoofd,
hij klaagde over jeuk, voelt zich verward en wat verdoofd.

John Dalton was een groepsgenoot en trok hieruit een les,
hij hoopt dit leed te mijden met een ander zuurstoffles.
Zo koos hij voortaan Nitrox met een hoog partiële druk
en minder stikstof zo had hij wellicht Henry's kwaal tuk.

John liep richting Lake Michigan, dook rustig naar benee
de bodem bracht hem souvenirs, hij nam wat knollen mee.
Zijn terugtocht naar het oppervlak ging rustig en bedaard,
zodat hij zich de ziekte van Henry kalm had bespaard.

Toch merkte hij na uren dat hem kokervisie trof,
ook oorsuizen en lippen voelden tintelend en dof.
Zelfs duizelig en misselijk met hoesten en dyspnoe
verward waarna convulsies, zo werd hij het duiken beu.

De groep dacht, laat maar zitten, dat geduik wordt onze dood
toen vol aversie John zijn souvenir mijn oudoom bood.
Die beitelt, slijpt en lasert, maakt het ambitieuze plan
de knol wat te verfraaien voor 't bedorven groepselan.

Zo vulde hij zijn dagen met gebeitel uur na uur,
te midden van de wolken stof verbleef hij in zijn schuur.
Totdat hij aan zijn hand in rust een trilling had gezien
en verder ook wat trager werd en stijver bovendien.

Zijn zwarte kernen stierven aan ventrale zijde af,
waardoor de pars compacta zijn productierol begaf.
Hierdoor ontstaan tekorten aan transmitter in het brein
en blijkt dat dopamine van een groot belang kan zijn.

Maar hadden nu de jongens van hun voorvaders geleerd
dan konden dankzij kennis de gebreken zijn geweerd.
De groep is hechter dan tevoor, maar duiken; dat nooit meer
het plan is nu een ruimtevlucht als trip volgende keer.

*NB: er zijn drie ziektebeelden te extraheren.*

## Vox clamantis in deserto

Morgen moet ik presenteren op een druk bezocht congres,
slapeloos lig ik al weken wakker door de vele stress.
Ik hoef louter te oreren, in mijn rustige bestaan
en verbaas me over mensen met een razend drukke baan.

Misschien passen ze een truc toe en staan zij niet langer bloot
aan bijvoorbeeld bloeddrukstijging, maar de nadelen zijn groot.
Want tekorten aan hormonen die de bijnier produceert,
maakt dat algehele zwakte en ook moeheid persisteert.

Vox clamantis in deserto, zo verhoogt ACTH,
het gevolg is pigmentatie van bijvoorbeeld gingiva.
Het gelaat alsook de handlijn, laat hierbij verkleuring zien,
en de Riva-Rocci laakt respons op catecholamine.

Houd uw casus in de gaten, zorg dat u een shock herkent
ter coupering van een crise, die moet worden afgewend.
Zou ik minder stress bemerken, dan kan ik de drukste baan
als bijvoorbeeld wereldleider op mijn sloffen nog wel aan.

Laconiek zou ik dan strijden tegen Castro en Vietnam,
stuur wat missies naar de maan en haal op die manier mijn gram.
Het verwerven van de ziekte lijkt hier niet de juiste keus,
ik wil best wat stress verliezen maar dit is te rigoureus.

**De vloek van de farao**

Aan een oever in Egypte zochten Franse troepen rust,
met een veldslag in de benen lagen zij daar uitgeblust.
Ten behoeve van de eenheid stond een Franse generaal,
wat vertier toe aan zijn troepen voor een sterkere moraal.

Na het badderen en zwemmen in de Nijl volgde malheur
want met koorts kwam ook malaise, en bracht menig in mineur.
Wanneer mictie weken later vergezeld werd van wat bloed,
bleek een larve, haematobium, de spil van tegenspoed.

In endemische gebieden geldt een slak als vluchtig gast,
voor de larve in zoet water weer een nieuwe prooi aantast.
Via huid op weg naar lever, daar ontwikkelt het zich door
en veneuze wegen brengen hen hun einddoel op het spoor.

Als de blaas door parasieten al een tijd is aangedaan
kunnen granulomen en daarnaast fibrose zijn ontstaan.
Na vernauwing in ureters ziet men dikwijls in de nier
dat er zwelling op zal treden door contact met de rivier.

De bevolking is al jaren met de parasiet bekend,
en weet dat de kwaal zal toeslaan wanneer men Egypte schendt.
Sinds dit voorval ziet Napoleon Egypte als het land,
waar de mannen menstrueren en zijn opmars is gestrand.

**Vroolyck**

Marjolijntje, 't vroolijk kijntje,
cherubijntje, zonder spraak.
Houten benen, door je genen
Glimlacht en houdt 's nachts de waak.

Moeders erve, deed je derven
en verwerven van dit beeld.
Fladderhanden, wijde tanden,
werden tevens toebedeeld.

Wat er schittert en er glittert,
je bezit het tot je pret.
Door mutatie op locatie
loop je als marionet.

Al je deugden en je vreugde,
het verheugde ons altijd.
Hemels wezen, dat wij prezen,
niets gaat boven vrolijkheid!

*Naar: Kinder-lyck, Joost van den Vondel*

# Medisch supplement

**Op doktersadvies**

De dedaine heren dokters
geven ons erg graag advies
want gij zult gezonder leven!
luidt al jaren hun devies.

Daar waar onze lieve Vader
tien geboden nodig heeft,
blijven artsen eeuwig preken
opdat u gezonder leeft.

Drink veel vocht, maar mijd de koffie.
Neem bij dorst maar liever thee,
doch dit mag geen zoethout wezen
want daar stijgt uw bloeddruk mee.

Dat geldt ook voor drop en kauwgom
eet geen zeewier maar wel vis.
Minder vlees en meer beweging
adviseert uw arts gewis.

Streef ernaar gezond te leven,
en neem fruit in plaats van vet.
maar vermijd bij hartproblemen
tóch de grapefruit bij 't buffet.

Voel compassie voor uw botten,
heb een zuivelrijk dieet.
Ga van tijd tot tijd de zon in,
maar te veel doet enkel leed.

Dokter zelf, zo moet u weten,
staat ver boven deze wet.
Hij drinkt wijn en rookt sigaren
maar verbiedt uw sigaret.

Nadat u de arts hoort spreken
over regels die er zijn
laat paniek dan achterwege,
want in stress schuilt ook venijn.

Houd u strikt aan alle regels
volg ze op en u zult zien:
misschien leeft u één jaar langer
en het lijken er wel tien!

**Kiespijn**

Als Steve Selvin voor controle gaat, zo één keer in het jaar,
zit hij wat betreft zijn dokter met de handen in het haar.
Hij zoekt raad in het Johns Hopkins, meldt zich aan in de kliniek
waar hij uit drie artsen kiezen mag en smeedt snel een tactiek.

De voornaamste van het drietal is een zeer geleerde vrouw,
met een goede reputatie en de nodige know-how.
Haar collegae zijn veel jonger, aan ervaring minder rijk,
die twee heren leren elke dag nog veel in de praktijk.

Hier is Steve van op de hoogte, hij opteert de prominent
en geeft resoluut zijn keus door aan de doktersassistent.
"Welke kamer?" vraagt de hulpkracht, "Kamernummers zijn verplicht"
Dat kan Steve helaas niet weten; alle deuren zitten dicht.

Met een kans van slechts 1/3$^{e}$ gokt hij en kiest kamer 2,
op de bankjes in de wachtzaal hoopt hij op de renommée.
Kamer 1 gaat plotsklaps open, daar ziet Steve een jongeman,
en hij twijfelt of dat inzicht in zijn keuze helpen kan.

Niet zo zeker van zijn zaken geeft hij aan zijn schroom gehoor,
Kamer 3 wordt nu zijn keuze, snel geeft hij die voorkeur door.
Prima, zegt de baliedame, toch vindt ze het curieus.
Als dit u zou overkomen, maakt u dan dezelfde keus?

**Het Bottenlied**

Ik ben een treffend voorbeeld van een huidig medicijnstudent
ik feest meer dan ik leer dus al die botten heb ik nooit gekend.
Ik zou ze moeten weten, dat is wat men van een dokter vraagt.
Het zijn er slechts twee-honderd-zes, die ieder in zijn lichaam draagt.

Het hoofd om te beginnen kent de vomer en mandibula,
ethmoïdale, temporale, os frontale, maxilla,
occipitale, lacrimale en os zygomaticum,
inferior conchae nasalis en het os palatinum!

Het os nasaal, pariëtaal, maar ook het os sphenoïdes.
De stapes, incus, malleus, het tongbeen; os hyoïdes.
We zakken langs de vertebrae, van cervicaal naar thoracaal
en vinden os coccygis aan het sacrum net benee lumbaal.

Dan treffen we het sternum met de costae en clavicula.
De humerus en radius, de ulna en de scapula.
Trapezium, lunatum, os triquetrum en het scaphoïd
os pisiforme, capitatum, hamatum, trapezoïd.

De phalanx van proximalis naar distalis via media.
de voet heeft dit hetzelfde inclusief metatarsalia.
Calcaneus, de talus, os cuboïdes, naviculaar,
drie soorten os cuneïform, ze liggen allen naast elkaar.

De benen van os coxae via femur naar de tibia
de knieschijf of patella, met uiteindelijk de fibula.
Nu ken ik het skelet, ik doe mijn best het te onthouden, en
ik hoop dat evolutie het nog lang niet zal verouderen!

*Geïnspireerd op "The Elements song" van Tom Lehrer,*
*op de melodie van "The Modern Major General song"*
*uit de musical The Pirates of Penzance.*

# Aantekeningen

**Alom anti**

In dit raadsel wordt het syndroom van Lambert-Eaton beschreven. Niet zelden ontstaat het in het kader van een paraneoplastisch syndroom bij een kleincellig longcarcinoom.

**Ancient Greece Journal of Medicine**

Rabiës staat centraal in deze casus, ook bekend als hondsdolheid. Dit ziektebeeld wordt geschetst aan de hand van de Griekse mythe van Tantalos. Het eerste deel van het raadsel berust op de Griekse mythe. Echter, dat Tantalos' gedrag te wijten zou zijn aan rabiës na een beet van Sirius is slechts een gedachtenspinsel, al heeft Homerus reeds in zijn Ilias beschreven hoe Sirius een gevaar vormde voor de gezondheid van mensen.

**Annabelle**

Het syndroom van Parinaud wordt hier beschreven aan de hand van een pop; Annabelle. Dit is een pop die onder andere in de film *The Conjuring* voorkomt. In de film teistert de pop een gezin met vijf dochters, één van de dochters wordt in deze casus genoemd.

**Apollinisch**

Hier wordt morbus Ménière beschreven aan de hand het waargebeurde verhaal over de astronaut Alan Shepard. Hoewel het tegenwoordig geen gouden standaard is Ménière operatief te behandelen, is dit de behandeling geweest die Alan Shepard destijds onderging, waarbij een drukverlaging van het binnenoor in zijn geval zorgde voor een vermindering van klachten.

**Bamboespreekuur**

In dit raadsel worden twee ziektebeelden beschreven: de ziekte van Bechterew en het syndroom van Netherton. De verteller beleeft in een droom een avontuur wanneer hij in zijn tijdreizende DeLorean (een vergelijkbare als uit de filmreeks *Back to the Future*) de Zweedse bioloog Carolus Linnaeus ontmoet. Linnaeus heeft Geneeskunde gestudeerd, een deel van zijn leven bracht hij door in Heemstede. Tijdens het avontuur bezoekt de verteller samen met Linnaeus, Vladimir Bechterev en Earl Netherton. Terloops wordt de ontdekking van de Röntgenstraling genoemd.

**Corrupte kabouter**

Hier wordt morbus Sjögren beschreven. De Zweedse equivalent van Klaas Vaak is Jon Blund. Bewust wordt voor de Zweedse ambtsgenoot gekozen aangezien Hendrik Sjögren van Zweedse komaf was. Gekscherend wordt hier beweerd dat door financiële overwegingen Jon Blund overdag zand in de ogen van volwassenen gaat strooien waardoor sicca-klachten ontstaan.

**De Deltawerken**

Het syndroom van Wolff-Parkinson-White wordt in deze casus geïllustreerd. Hoewel dit syndroom aangeboren is, kunnen symptomen zich pas op latere leeftijd openbaren, zoals in deze casus het geval was. De opa in dit raadsel werkte naar aanleiding van de watersnoodramp aan de stormvloedkering aan de Hollandse IJssel, om precies te zijn aan de Algerasluis. In de casus werd de bundel met koude geableerd, dit kan ook met warmte gebeuren.

**De grote boze wolf**

In dit raadsel wordt systemische lupus erythematodes (SLE) beschreven aan de hand van Midas, de grote boze wolf. In deze casus voldoet Midas aan *minstens* vier van de elf criteria voor Lupus, hetgeen overigens Latijn is voor wolf.

**De ideale echtgenote**

Het syndroom dat hier beschreven wordt is het syndroom van Kleine-Levin, ook wel het schone slaapster syndroom. De oorzaak die hieraan ten grondslag ligt is tot nog toe onbekend. De thalamus wordt ermee in verband gebracht, welke ook het slaap-waak ritme beïnvloedt.

**De klucht van de molenaar**

In dit raadsel wordt het syndroom van Wolfram beschreven, ook wel DIDMOAD genoemd. DIDMOAD staat voor Diabetes Insipidus, Diabetes Mellitus, Optische Atrofie, Doofheid. Het raadsel is als acrostichon geschreven, waarbij iedere eerste letter van een regel samen DIDMOAD en Wolfram vormen. De laatste twee regels beginnen met H en E, Hora Est; het raadsel, en het leven van de molenaar, is ten einde.

**De vloek van de farao**
Bilharziasis, ofwel schistosomiasis door schistosoma haematobium, staat hier centraal. Het ziektebeeld wordt beschreven aan de hand van geschiedenis. Toen Napoleon aan het einde van de 18e eeuw zijn expeditie naar Egypte startte, trad bij een deel van zijn strijdkrachten macroscopische hematurie op na contact met water uit de Nijl. Napoleon refereerde sindsdien naar Egypte als het land van de menstruerende mannen.

**Doods Bang**
Hier wordt de ziekte van Bang beschreven. In de laatste regel wordt verwezen naar David Bruce, die in 1887 als eerste een causaal verband zag tussen bacteriën en de ziekte.

**Dove Kwartel**
Aan de hand van Karel Kwartel wordt hier het syndroom van Usher beschreven. Karel heeft het syndroom van Usher type II. Bij de geboorte hebben patiënten die aan dit type lijden tussen de 30 en 100 dB gehoorverlies, het zicht gaat later achteruit ten opzichte van type I. Vaak is de verslechtering van het zicht pas merkbaar vanaf de leeftijd van ongeveer 10 jaar. Doordat met name de staafjes aangedaan raken, wordt de nachtvisie als eerst belemmerd en ontstaat nyctalopie. Usher is een ander woord voor portier, hetgeen in het raadsel als toekomstdroom van Karel genoemd wordt.

**Duizend bommen en granaten!**
Een resultaat van overmatig drankgebruik wordt aan de hand van Kuifjes Kapitein Haddock beschreven in dit raadsel. Kuifje kenners zullen zich herinneren dat Kapitein Haddock een liefhebber is van rum en whisky; in het bijzonder Loch Lomond. De keuze voor Johnnie Walker in dit gedicht lijkt op het eerste gezicht wellicht minder voor de hand liggend dan Loch Lomond. Toch wordt in dit raadsel Johnnie Walker genoemd, aangezien ook niet-Kuifje kenners deze referentie kunnen plaatsen, bovendien zijn alcoholisten in een onttrekking doorgaans weinig kritisch wat betreft hun alcoholkeuze.

**Erfenis**
Het ziektebeeld dat beschreven wordt is Hemofilie type A. De kleine Rus is Aleksej, de zoon van Tsaar Nicolaas II van Rusland, hij leed net als zijn oom Frederik aan hemofilie.

**Grijs gebied**
In dit raadsel worden twee ziektebeelden omschreven aan de hand van een waargebeurd verhaal. Het is gebaseerd op een artikel uit 2003 (What was the cause of Franklin Delano Roosevelt's paralytic illness? Goldman AS et al, Journal of Medical Biography 2003; 11: 232-240). Tijden werd gedacht dat Roosevelt aan polio leed, wat één van de ziektebeelden is die in deze casus beschreven zijn. In het artikel wordt met behulp van Bayesiaanse statistiek de waarschijnlijkheid van polio en Guillain-Barré onderzocht op basis van de gedocumenteerde symptomen die Roosevelt vertoonde. De conclusie was dat Guillain-Barré waarschijnlijker geweest is dan polio als oorzaak voor de klachten.

**Groepsdruk**
In dit raadsel worden drie ziektebeelden beschreven; caissonziekte, zuurstofvergiftiging en morbus Parkinson op basis van een mangaanvergiftiging. De vrienden van de hoofdpersoon Henry en John Dalton verwijzen naar William Henry, die de wet van Henry ontwikkelde, en John Dalton, een wetenschapper die zich bezig hield met de partiële zuurstofspanning. De namen zijn tevens een hint voor de ziekten die beide mannen in de casus zal overvallen. Lake Michigan wordt genoemd doordat dit een diep meer is, waar mangaanknollen op de bodem te vinden zijn. Deze spelen een rol bij de derde ziekte die beschreven wordt; morbus Parkinson op basis van mangaanvergiftiging. In de laatste strofe wordt een ruimtetripje geopperd als volgende groepsuitje, dit dient echter tevens met beleid te gebeuren aangezien daar ook verschillen in luchtdruk een risicofactor kunnen zijn.

**Kerststuk**
Het notenkrakersyndroom wordt beschreven aan de hand van het gelijknamige balletstuk.

**Krokodillentranen**
In deze casus staat het syndroom van Ramsay-Hunt centraal. De kinderkwaal waarnaar verwezen wordt is de waterpokken, veroorzaakt door het varicella zoster virus.

**Lord Byron**
Deze casus is aan de Engelse dichter Lord Byron gewijd. De excentrieke man werd geboren met een klompvoet en leed naar men nu vermoedt aan een bipolaire I stoornis.

**Lucas 16**
Gebaseerd op het Bijbelverhaal waarin de melaatse Lazarus op compassie hoopt van een rijke man. Hier wordt een multibacillaire vorm beschreven. In de Bijbel komt melaatsheid meerdere malen voor, waarmee vaak lepra bedoeld wordt.

**Ludwigs leed**
Ludwig van Beethoven had volgens de overlevering vanaf zijn 26$^{e}$ jaar last van gehoorsverlies. Bij autopsie bleken de gehoorsbeentjes massiever en pompeuzer dan gebruikelijk. Artsen concludeerden op basis van het autopsierapport otosclerose. Er werd gegist naar een mogelijke oorzaak die aan de otosclerose ten grondslag kan liggen. Sommigen verdenken van Beethoven van het lijden aan morbus Paget, echter hierover bestaan veel onzekerheden.
De oplettende lezer heeft een anachronisme in dit raadsel kunnen vermoeden. De beschreven testen van Weber en Rinne in deze casus zijn hypothetisch; er zijn geen bewijzen dat deze testen bij van Beethoven verricht zijn. Sterker nog, Beethoven stierf in 1827, Weber en Rinne beschreven hun testen respectievelijk in 1834 en 1855. Rinne beschreef zijn test slechts in een voetnoot, hij heeft de test nooit systematisch toegepast. Pas vanaf 1880 raakte de test algemeen bekend. Hoewel er al sinds 1827 (het sterfjaar van Beethoven) vergelijkbare hypothesen zijn beschreven als waarop de test van Weber en Rinne gebaseerd zijn, is het niet waarschijnlijk dat Beethoven deze testen, zoals wij ze nu kennen, heeft ondergaan.

*Bron: Feldmann H. History of the tuning fork. II: Evolution of the classical experiments by Weber, Rinne and Schwabach. Laryngorhinootologie. 1997 May;76(5):318-26.*

**Marslied van het Rijnleger**
Op de melodie van het Franse volkslied, de Marseillaise. De originele naam van de Marseillaise is *Chant de guerre de l'Armee du Rhin*, hetgeen zich laat vertalen naar *Marslied van het Rijnleger*. Deze vertaalde titel is een eerste hint naar de marshemoglobinurie, die beschreven wordt in dit raadsel.

**Moederinstinct**
In dit raadsel wordt een waargebeurd verhaal beschreven over de ontdekking van de ziekte van Lyme. Het verhaal speelt zich af in het dorpje Lyme in Connecticut in de Verenigde Staten in 1965.

**Ode an die Deutschen**
Eerlijkheid ten overstaande van Paul Albert Grawitz gebied te vermelden dat er ten minste twee Duitze artsen geweest zijn die de naam Grawitz droegen. De Grawitz die de meeste medici kennen heeft zijn naam verbonden aan de niertumor, dit is Paul Albert Grawitz, hij stierf in 1922. Echter, de Grawitz die vermeldt wordt in de casus is Ernst-Robert Grawitz, een Duitse arts en *"SS Reichsarzt"*.

**Oligopolie**
In Engelse literatuur wordt de ziekte van Behçet ook wel *Silk road's disease* genoemd. De titel van dit raadsel verwijst naar het feit dat Byzantium geen monopolie had op zijde maar wel grotendeels verantwoordelijk was voor het zijde-aanbod op de Europese markt. Dit is vergelijkbaar met het vóórkomen van de ziekte van Behçet; het komt niet uitsluitend in de middellandse zeegebieden voor, maar de incidentie ligt daar aanzienlijk hoger dan in de rest van de wereld.
Het raadsel is gebaseerd op een waargebeurd verhaal. China had al 3000 jaar het monopolie op zijde. Onder bewind van de Byzantijnse keizer Justinianus I (geboren als Petrus Sabbatius) werden twee monniken via de zijderoute op pad gestuurd naar China. Daar bekeken ze hoe de zijde werd geproduceerd, ze namen de zijderupsen mee in hun holle bamboewandelstokken naar het Byzantijnse rijk. Zo was de zijdeproductie niet langer voorbehouden aan China (en deels Perzië) maar werd ook in Byzantium zijde geproduceerd.

**Oorlogskwaliteit**
De gevolgen van rachitis, de ziekte die beschreven wordt, raakt een patiënt vaak niet meer kwijt, zoals bijvoorbeeld de kromme benen en de brede polsen. Echter, de tekortkoming; het tekort aan vitamine D, kan men wel kwijtraken.

**Overdaad schaadt**
Dit raadsel beschrijft het syndroom van Boerhaave, genoemd naar de Herman Boerhaave, een bekend arts uit de 17$^{e}$ eeuw. Het verhaal over Baron van Wassenaer tot Obdam is waargebeurd. Boerhaave probeerde de baron te behandelen en de oorzaak van het lijden te achterhalen, hetgeen hem respectievelijk zonder en met succes gelukt is.

**Sluipmoordenaar**

In deze casus wordt een koolstofmonoxidevergiftiging geïllustreerd aan de hand van Looney Tunes figuren. Tweety, de kanarie, is een eerste hint naar de diagnose. In vroeger tijden namen mijnwerkers kanaries mee om hen te waarschuwen voor koolstofmonoxidevergiftiging. Omdat kanaries klein zijn, sneller ademen en een snelle stofwisseling hebben ten opzichte van de mijnwerkers, uiten de gevolgen van koolstofmonoxidevergiftiging zich eerder in kanaries.

**Stimulerende stoffen**

Sympathicomimetica kunnen vergelijkbare verschijnselen veroorzaken als de ziekte van Graves-Basedow. Bijvoorbeeld de bekende grote ogen na het gebruiken van bepaalde drugs, deze ontstaan doordat de spier van Müller (m. Orbitalis) sympathisch geïnnerveerd is.

**Van de weis**

Hier wordt de anekdote omschreven die verhaalt hoe de Hongaarse arts Ignaz Semmelweis opmerkte dat de sterfte op een kraamafdeling in het opleidingsziekenhuis hoger was dan daarbuiten. Toen een vriend en collega van Semmelweis, de patholoog-anatoom Kolletschka, overleed na een geïnfecteerde wond die hij had opgelopen tijdens zijn werkzaamheden, zag Semmelweis het verband. Hierdoor pleitte Semmelweis voor betere hygiëne, tijdgenoten waren sceptisch. Postuum kreeg Semmelweis pas de eer die hem toekwam.

**Vox clamantis in deserto**

Eén van de bekendste patiënten met de ziekte van Addison uit de geschiedenis is wellicht de oud-president van de Verenigde Staten John F. Kennedy. De laatste strofe van dit raadsel verwijst naar hem. De titel is een Bijbelse kreet, hetgeen in de Nederlandse vertaling beschreven wordt als "roepende in de woestijn", dit duidt op het stijgende ACTH-level dat de bijnieren probeert aan te jagen maar geen gehoor vindt.

## Aantekeningen bij Medisch supplement

### Kiespijn

Steve Selvin is een professor Biostatistiek, die in 1975 als eerste het Monty Hall probleem publiceerde. In dit raadsel *"Kiespijn"* moet Steve Selvin de kamer kiezen van een arts door wie hij geholpen wil worden. Hij wil de vooraanstaande vrouwelijke arts kiezen, in de overige twee kamers werken jongere, mannelijke artsen met minder ervaring. Hij heeft een kamer gekozen, maar nadat hij zijn keus heeft doorgegeven gaat een andere deur open. Hierachter ziet hij een jonge mannelijke arts. Zo raakt Steve aan het twijfelen. De situatie waarin hij verkeert lijkt in veel opzichten op het hem zo bekende Monty Hall probleem (ook wel het drie-deuren-probleem genoemd). In het Monty Hall probleem geeft wisselen van deur, kansvergroting op de prijs. Echter, de crux in het Monty Hall probleem is gelegen in het feit, dat de quizmaster met voorkennis een deur open doet, waar de prijs niet achter zit. Hoewel de situatie in de wachtkamer vergelijkbaar is, gaat de deur daar niet op basis van voorkennis open. Wisselen van deur geeft om die reden geen grotere winkans. Het zou niet verstandig zijn de deur te kiezen waar hij de jongeman achter heeft gezien, de kansen op de vrouwelijke arts bij de overige deuren is 50%, ongeacht zijn oorspronkelijke keuze. Velen zullen hierom zeggen: "Hij had niet hoeven wisselen", en zouden zelf bij hun oorspronkelijke keuze gebleven zijn. Let wel, deze kans van 50% staat of valt, bij de complete willekeur die achter het openen van de deur schuil ging.

Steve Selvin twijfelde in het raadsel; is het waarschijnlijk dat het verband tussen het openen van een deur, en degene die erachter zit willekeurig is? Stel nu dat de jonge, minder ervaren mannelijke artsen vaker hun spreekkamer verlaten om advies in te winnen, informatie op te zoeken of om andere redenen. Doordat Steve geen volledige zekerheid had over de willekeur van het openen van deuren, besloot hij zijn oorspronkelijke keuze aan te passen. Immers, wisselen levert, gegeven willekeur, geen voordeel op, maar ook geen nadeel, doordat de ongeopende deuren in dat geval beide 50% kans hebben de vrouwelijke arts te verbergen. Als we niet kijken naar extra winst die keuzes opleveren, maar naar verlies, dan zou wisselen in deze casus geen kansvermindering hebben bewerkstelligd. Echter, *niet* wisselen in een Monty Hall probleem doet je winkans wel dalen. Bij twijfel is wisselen dus niet per se verkeerd.

**Het Bottenlied**

Geïnspireerd door Tom Lehrers *The Elements song* op de melodie van *The modern major general song* uit de musical *The pirates of Penzance* zijn hier de botten van het menselijk lichaam in rijmvorm opgesomd.

## Antwoorden

| ***Medische casus*** | ***Ziektebeeld(en)*** |
|---|---|
| Achterhaald | Syfilis |
| Alom anti | Syndroom van Lambert-Eaton |
| Ancient Greece Journal of Medicine | Rabiës |
| Annabelle | Syndroom van Parinaud |
| Apollinisch | M. Ménière |
| Bamboespreekuur | M. Bechterew, Syndroom van Netherton |
| Bofkont | Bof |
| Corrupte kabouter | M. Sjögren |
| De Deltawerken | Syndroom van Wolff-Parkinson-White |
| De dood of de gladiolen | Secundaire polycythaemie |
| De grote boze wolf | Systemische lupus erythematodes |
| De ideale echtgenote | Syndroom van Kleine-Levin |
| De klucht van de molenaar | Syndroom van Wolfram (ook wel DIDMOAD) |
| De vloek van de farao | Schistosomiasis (ook wel Bilharziasis) haematobium |
| Doods Bang | Ziekte van Bang |
| Dove Kwartel | Syndroom van Usher |
| Duizend bommen en granaten! | Syndroom van Korsakoff |
| Erfenis | Hemofilie A |
| Grijsgebied | Poliomyelitis, syndroom van Guillain-Barré |
| Groepsdruk | Caissonziekte, zuurstofvergiftiging, M. Parkinson (op basis van een mangaanvergiftiging) |
| Kerststuk | Notenkraker syndroom (ook wel *renal vein entrapment syndrome*) |
| Klinische kleuters | Syndroom van Cushing |
| Koperdief | Ziekte van Wilson |
| Krokodillentranen | Syndroom van Ramsay-Hunt |
| Lord Byron | Klompvoet, Bipolaire stoornis I |
| Lucas 16 | M. Lepra |
| Ludwigs leed | Otosclerose, M. Paget |
| Marslied van het Rijnleger | Marshemoglobinurie |
| Mijn moeder is aan het vergeten | M. Alzheimer |
| Moederinstinct | Ziekte van Lyme |

| | |
|---|---|
| Nee tegen Bond | Syndroom van Kartagener<br>(in het kader van primaire cilliaire dyskinesie) |
| Ode an die Deutschen | Hemochromatose en<br>von Recklinghausen<br>(ook wel Neurofibromatose-1) |
| Oligopolie | Ziekte van Behçet |
| Oorlogskwaliteit | Rachitis (ook wel Engelse ziekte) |
| Onberekend | Scheurbuik |
| Onder Weil | Ziekte van Weil |
| Ooitgedachtland | Syndroom van Werner<br>(een progeria syndroom) |
| Overdaad schaadt | Syndroom van Boerhaave |
| Schokkend | Toxic shock syndrome |
| Schouwtoneel | M. Marfan |
| Sluipmoordenaar | Koolstofmonoxidevergiftiging |
| Stimulerende stoffen | Ziekte van Graves-Basedow |
| Studentenleed | M. Pfeiffer |
| Tunnelvisie | Prolactinoom |
| Uit de hoogte | Hoogteziekte |
| Van de weis | Kraamvrouwenkoorts |
| Veni, bibi, vomui! | Acute intermitterende porfyrie |
| Vox clamantis in deserto | Ziekte van Addison |
| Vroolyck | Syndroom van Angelman |
| Willem de niet-verkaaskop | Sarcoïdose |
| ***Medisch supplement*** | |
| Kiespijn | Doordat dit niet exact een Monty Hall probleem is, levert wisselen niet per se winkansvergroting op. Echter, ook geen daling van de winkansen. |

# Index op onderwerp

# Index op beschreven personen